LA VIE ET LA MORT

DU JEUNE

ÉMILE SERVIER

SOCIÉTAIRE DU PATRONAGE

ET ÉLÈVE DE LA MAITRISE DE St-JOSEPH DE N.-D.-LA-RICHE

Mort à Tours, le 2 juin 1886,

à l'âge de 15 ans 3 mois

par Abbé G. Moreau

SE VEND 25 CENTIMES

AU PROFIT D'UNE BONNE ŒUVRE

TOURS
IMPRIMERIE ERNEST MAZEREAU
13, RUE RICHELIEU, 13

1886

C'est à vous, chers jeunes gens du **Patronage**, *c'est à vous, congréganistes des Saints-Anges, élèves de la maîtrise, que je dédie ces lignes sur la vie et la mort d'Émile Servier. Prenez, lisez, imitez !*

G. MOREAU, DIRECTEUR.

« Domine, ecce quem amas, infirmatur ».
« Seigneur, celui que vous aimez, est malade ».

(*Evang. S. Jean, XI, 3.*

Parmi les hommes, Dieu choisit ses prêtres : c'est la plus belle, la plus sainte des vocations.

Il est une autre vocation pourtant qui est belle et sainte aussi, c'est celle de la souffrance ; c'est la vocation de ceux que Dieu aime : « *Quem amas, infirmatur* ».

Ce fut celle de notre Emile : de la première, il n'eut que le désir.

LA VIE D'ÉMILE

« Emile Servier naquit à Bléré (Indre-et-Loire), le 21 fé-
» vrier 1871. Ses parents, honnêtes travailleurs, eurent
» beaucoup de peine à l'élever ; il resta sept mois entre
» la vie et la mort ; à l'âge de douze ans, il tomba dans
» le feu, se brûla la tête et une jambe, et fut plusieurs

» jours sans voir clair..... Plus tard, en jouant à l'école, » il se cassa la jambe..... En 1879, l'année du grand hi- » ver, en revenant de chercher du lait pour sa petite » sœur, il glissa et, en tombant, se déplaça un nerf dans » le genou. Comme il avait couru, et qu'il avait chaud » en tombant sur la glace, il refroidit et attrapa une » bronchite qui resta inaperçue d'abord ; à force de » temps, elle devint chronique et le fit souffrir jusqu'à sa » mort ».

C'est le cher enfant qui parle ainsi de lui-même dans un petit écrit qu'il a fait, à ma demande, environ une année avant de mourir et qu'il a intitulé :

« VIE DE SERVIER, ÉMILE
» né a Bléré, le 21 Février 1871,
» mort a Tours le 188 »

Nous empruntons à ce même écrit les détails suivants :

« Tout le temps qu'il resta à Bléré, il mena une vie assez » bonne. Ses parents allèrent demeurer à Montrichard. » Là, il fut un moment dans l'hésitation ; de mauvais ca- » marades voulaient l'entraîner d'un côté, de bons vou- » laient l'entraîner de l'autre.

« Il avait pour voisin Monsieur le curé : il lui demanda
» conseil. M. le curé lui indiqua de bons cemarades,
» alors il resta bon et il fut bientôt enfant de chœur. »

Enfants, qui lirez ces lignes, apprenez d'un écolier de huit ans le moyen de rester bon et de ne pas vous égarer. Emile continue, et je laisse à dessein son style dans toute sa simplicité :

« Il revint demeurer à Bléré ; il fut toujours le même;
» Il ne resta pas longtemps à Bléré ; car le travail se mit
» à manquer et son père alla travailler à Tours.

« Là il ne sut point choisir les bons camarades, et se
» laissa entraîner dans le mal. »

Emile parle ici avec l'humilité des saints ; il traite sévèrement de très légers écarts ; plaise à Dieu, chers enfants de l'œuvre, pour lesquels j'écris ces lignes, que vous n'alliez pas plus loin que lui dans le mauvais chemin, et que, tous comme lui, vous gardiez toute votre vie l'état de grâce. Poursuivons avec lui :

« Il marcha ainsi jusqu'à l'approche de sa douzième
» année ; il allait au catéchisme de Saint-Etienne. Un ca-
» marade de ses voisins le fit inscrire au Patronage Saint-
» Joseph ; mais ce camarade étant venu à quitter, l'enfant

» n'y retourna pas. Il fit cependant sa première commu-
» nion dans de bons sentiments et fut confirmé (8 et 9
» juin 1882).

« L'année d'après, ses parents ayant changé de quar-
» tier, il alla au catéchisme de N.-D.-la-Riche : c'était
» M. Moreau, le directeur du Patronage Saint-Joseph, qui
» faisait le catéchisme ; à force de l'entendre parler, il
» prit du goût pour le Patronage, il y retourna et y resta
» tout le reste de sa vie. M. Moreau sait ce qu'il fut. »

Là finit le récit du cher enfant, qui nous laisse ainsi, en toute simplicité, le soin de raconter nous-même ce qu'il n'a pas besoin de nous apprendre.

Ce qu'il fut, notre Emile, nous le savons tous : une *victime*, un *apôtre*, un *modèle*.

I

Il fut une *victime*. Les lignes qui précèdent vous l'ont dit : de bonne heure la souffrance fut son partage ; et, pourtant, elles ne vous ont pas dit tout. Elles ne vous ont pas appris, par exemple, les amertumes dont son âme fut remplie au jour de sa première communion. Son père, qui avait subi l'influence funeste d'ouvriers ennemis de Dieu et de la religion, ne voulut pas être de la fête, il refusa même d'embrasser son fils qui, plein de joie, était venu, en habits de communiant, le voir à l'atelier. Emile ne put retenir ses larmes...

Une croix nouvelle l'attendait, un an après, à sa seconde communion. Beaucoup, c'est vrai, devaient la partager avec lui, mais peu la sentirent comme lui : il était de la retraite de 1883, dont la mort du vénéré pasteur M. Roze assombrit si tristement la clôture.

Un mois et demi après, dans les premiers jours de juillet, Emile, dont la poitrine était atteinte, fut placé à l'asile de Clocheville. C'est là, qu'en continuant à souffrir, il va commencer l'exercice de son *apostolat*.

II

Son père en fut le premier objet. Le pauvre ouvrier avait dû quitter son travail et prendre le lit ; son état, sans être absolument alarmant, s'aggrava néanmoins assez vite. Dès lors l'âme d'Émile s'émut ; sans hésiter il offrit sa vie en sacrifice à Dieu pour la conversion de son père.

Les soins aussi intelligents que dévoués des bonnes sœurs de Clocheville ayant allégé les souffrances du petit malade, il pût être question, pour lui, d'un pèlerinage à Lourdes. Avec quelle pieuse joie, il en obtint la permission !.. Toutefois, il ne voulut pas y aller seul et témoigna à M. l'abbé Maugis, chargé du wagon des malades, le désir d'y emmener son père ;... mais avait-il les dispositions de foi et de religion nécessaires à ce grand acte de piété et de confiance ? Émile s'arme de courage, et, le chapelet à la main, le cœur troublé, les membres tremblants, mais priant tout le long du chemin, il va de Clocheville chez son père... A son grand étonnement, un bon accueil est fait à sa proposition, et, quelques jours après, en vrais pèlerins, le fils et le père accomplissaient le pieux voyage.

C'était en septembre 1884. A son retour, étonné de voir son père converti et de se trouver lui-même en vie, il promit à Dieu, s'il n'acceptait pas son sacrifice et s'il lui rendait la santé, de se consacrer à lui dans l'état ecclésiastique......

Un trait charmant montre bien le zèle de notre petit apôtre. Un enfant de sa connaissance n'était pas baptisé : tout contristé de le voir dans cet état, il demanda à lui donner secrètement le baptême : il fut contristé qu'on n'accédât pas à son désir, mais comme toujours, il se soumit à la décision de ses supérieurs.

Plus tard, c'était environ un mois avant sa mort, il pprend qu'une protestante du voisinage a fait demander M. le curé... Vite il se traîne à la chapelle de l'œuvre pour demander à Notre-Seigneur de bénir les paroles du pasteur et d'éclairer cette âme égarée.

Nous verrons, en racontant un fait qui se reporte aux derniers jours qu'il passa sur la terre, qu'il fut apôtre jusqu'à son dernier soupir. Il aimait tant le Ciel ! il en parlait si souvent ! Je puis vous apprendre aujourd'hui, chers enfants, ce qu'il me confia, et ce que je lui fis écrire pour vous le transmettre après sa mort.

C'est lui qui parle :

RÊVE FAIT, PENDANT UNE NUIT DE SOUFFRANCES, A L'ASILE GATIEN DE CLOCHEVILLE EN L'ANNÉE 1884.

« Je m'étais assoupi, lorsque tout à coup je me crus
» mort ; et n'ayant dans mon armoire aucune toile d'a-
» raignée, je monte droit au Ciel. Quelle peine j'eus à y
» arriver ! Je montais par un escalier étroit et difficile...
» enfin j'arrive !.. Oh ! quel beau spectacle s'offre à ma
» vue ! Devant moi le bon Dieu ; à ma droite, mon bon
« ange gardien ; à ma gauche, l'indigne Satan. Après la
» lecture de l'acte d'accusation de Satan, la parole est
» donnée à mon bon ange gardien qui relate toutes les
» bonnes actions de ma vie.

» Le verdict. Le Bon Dieu, après avoir délibéré, rend
» son verdict, annonçant que les bonnes actions ont sur-
» passé les mauvaises, et m'envoie jouir éternellement.
» (Satan se sauve en grognant). Après avoir été jugé,
» j'entre dans le Paradis. Oh ! quelle gaieté ! quelle joie !
» quelle magnificence ! je ne puis expliquer ce que j'ai
» vu... Ceux qui y sont, sont bienheureux..., pour moi je
» n'y étais pas, car je me réveillai et me trouvai dans
» mon lit. »

Comment après cela, notre pure victime, notre jeune apôtre, n'aurait-il pas été un modèle?

III

De retour de son premier pèlerinage à Lourdes, il sembla reprendre quelque force. Alors il quitta l'asile de Clocheville et, vers la fin d'octobre (1884), il reprit les exercices du Patronage et entra à la maîtrise Saint-Joseph. Il avait vu se fonder, avec une réelle satisfaction, cette modeste école qui allait lui permettre, tout en complétant son instruction primaire, de se remettre assidûment au latin. Émile fut toujours respectueux pour son maître, avide des bonnes notes auxquelles nous attachons tant de prix, énergique au travail et, par-dessus tout, d'une solide et tendre piété. Forcé d'interrompre bientôt ses études et comprenant du premier coup ce que beaucoup ne comprennent peut-être pas encore, à savoir que la maîtrise n'est pas seulement une école mais surtout une association, il en suivait la vie, les mouvements, les solennités. Nous pouvons bien dire que nous n'avons jamais reçu un congréganiste des Saints-Anges qui ait mieux compris ses devoirs, à la vie, à la mort. Le 2 juillet 1885, avec quelle émotion il lut son acte de consécration, d'une voix à demi-éteinte mais accentuée, énergique, agenouillé au pied de l'autel, revêtu de la soutane et du surplis... La soutane !... *Mon père,* me dira-t-il moins d'un an plus tard, *je voudrais bien être enseveli dans une soutane: j'aimais tant porter la soutane !* et il ajoutait, comme pour réparer un oubli... *et un surplis*.... Oh ! oui, il était heureux, quand il lui était permis de servir à l'autel ! et, pourtant, quelle énergie ne lui fallait-il pas pour suivre les règles du chœur. Vous le rappelez-vous, un cierge à la main, à la procession du Rosaire, le premier Dimanche d'octobre 1885, un sourire angélique sur les lèvres, les yeux humides de larmes ?.... il s'évanouissait après la cérémonie, mais qu'il était heureux !....

Au patronage, en dehors de ses jeunes camarades, il passa d'abord fort inaperçu, ses absences se renouvelant forcément à mesure que ses forces lui manquaient. Nous le reçûmes pourtant sociétaire le 26 avril 1885, et ce fut pour lui une grande joie, parce que, dans son esprit si juste, si simple, si éclairé, rien de ce qui se faisait à l'œuvre n'était petit à ses yeux. Nos grands commencèrent dès lors à le connaître et, par conséquent, à l'aimer davantage. Ils remarquèrent sa douceur, son esprit de foi, son angélique piété ; ils étaient frappés du calme extraordinaire avec lequel il parlait de la mort. Il m'avait demandé un livre pour s'y préparer ; il avait pressé sa mère qui désirait l'avoir en photographie, de ne pas attendre l'année suivante, parce qu'il ne serait plus ; et il prenait déjà des commissions pour le ciel, absolument comme il en prenait pour Lourdes quelques mois auparavant (deuxième pélerinage 1885).

Son état allait toujours s'aggravant, sa maigreur devenait excessive. Le 14 février, je crus prudent de lui donner les derniers sacrements. Il reçut son Dieu avec sa piété accoutumée, et suivit, avec une foi profonde et marquée, les cérémonies de l'Extrême-Onction ; il y avait là deux dignitaires du Patronage MM. Zinch et Macé, et un enfant de la maîtrise, Léon Bourgoignon : nous avions peine à contenir notre émotion...

Il y avait, à la même époque à l'asile Clocheville, un enfant prédestiné comme lui et qu'il avait connu huit jours à peine ; mais ces huit jours avaient suffi à ces deux âmes pour se comprendre : « *qu'il ne parte pas avant moi* » disait-il aux bonnes sœurs qui se plaisaient à venir le voir et à l'entendre ; mais le bon petit Clément ne fut pas assez patient, et le premier mercredi de mars, il prit son vol vers le ciel, laissant Emile derrière lui sur la terre.

En ce beau mois de saint Joseph, qu'il aimait tant à voir revenir, une grande joie fut accordée à notre cher malade. Nous pûmes lui faire quitter la maison incommode et mal située qu'il habitait, et l'établir, avec ses parents, en face de notre maison. On transporta en voiture le fils et le père (1), tous les deux aussi malades l'un que l'autre. C'était le 24 mars 1886. Le cher enfant, de son lit entendait le chant de la chapelle et les cris joyeux de ses camarades ; de sa fenêtre quand il était mieux, il voyait notre clocher et le jardin du Cercle. Sa joie lui donna des forces, et bientôt il put descendre : il restait de longs moments chez la concierge, la surprenant, la ravissant par ses discours élevés et ses paroles de victime résignée et d'apôtre. Son bonheur était d'assister à cinq heures et demie à la lecture spirituelle : nous le mettions auprès de nous, la joie se lisait sur ses traits. Quand il le pouvait, nous pourrions même dire, alors qu'il ne le pouvait plus, il assistait aux réunions de l'œuvre : le contrôle le marque présent, le 1er avril, à la messe et aux vêpres ; le 11 toute la journée ; le 18 à la réunion de l'après-midi.

Le 11 au soir, c'était la vente des jetons : il apportait de quoi payer ses cotisations pour avoir droit aux enchères et *régler*, disait-il, *tous ses comptes avant de mourir*. Nous nous détournions pour retenir nos larmes. Les dimanches 4 et 11 avril, il put venir à la messe de l'Œuvre et y communier : il marchait en traînant les pieds, les bras croisés, dans l'attitude du recueillement le plus absolu et de la foi la plus profonde : il au-

(1) Le père d'Emile mourut quelques semaines après son fils, le 25 juin, tout embaumé de la sainteté de son enfant, et se préparant, en chrétien, à le suivre dans l'éternité.

rait voulu mourir là, dans son cher patronage ; mais non, selon l'expression de M. l'abbé Chapier racontant sa mort aux associés des Saints-Anges, comme Moïse, il devait mourir en face de la terre promise. Un jour, il n'eut pas la force de remonter seul chez lui, il fallut lui aider : il ne redescendit plus. Ne se faisant aucune illusion sur son état, riant lui-même de sa maigreur, et se demandant, comment il pouvait vivre, il pria Dieu de ne l'appeler à lui qu'après notre grande fête du Patronage de Saint Joseph ; il désirait voir encore une fois la belle cérémonie du renouvellement des charges : c'était un plaisir pour lui de nous en entretenir. Il savait que nous devions changer de président. *Il n'y en a qu'un*, disait-il, *qui pourra succéder à M. Michel Goupy* ; *mais celui-là il sera bien difficile de le remplacer dans sa charge de secrétaire.*

Le 16 mai arriva enfin, après les nominations, M. Henri Macé monta lui faire part de la dignité dont on venait de l'honorer : *Je le savais bien* , dit le malade.

On lui apprit ensuite qu'il avait été nommé *enfant de chœur*, ce dont il me remercia avec effusion, le soir, quand j'allai me reposer un peu auprès de lui.

LES DERNIERS JOURS — LA MORT

...Le bon Dieu l'avait exaucé : il pensa alors d'une manière toute spéciale à la mort et s'y prépara plus parfaitement encore ; il espérait mourir le 24 mai : c'était la fête de N.-D. Auxiliatrice, l'anniversaire de sa seconde communion et, car il pensait à tout, de la mort de M. le curé... Le 24 mai passa ; il dut se résigner à souffrir encore, et il souffrit de plus en plus : *Mais*, disait-il un jour en considérant avec amour une image du Sacré-Cœur qu'on venait de lui donner ; *Notre-Seigneur a souffert beaucoup plus que moi* ; et à M. l'abbé Mary qui voulait le plaindre : *les souffrances sont plus douces quand elles sont offertes*.

L'offrande de ses souffrances, c'était sa prière et son apostolat. Il faut prier pour les nouveaux conseillers, lui disais-je au lendemain de notre fête du 16 mai : *C'est pour eux que je souffre toute cette semaine*, me répondit-il. Aussi, jamais une plainte ne sortait de sa bouche, il semblait s'oublier pour ne penser qu'à ceux qui l'entouraient, et souvent il presssait sa mère d'aller se reposer : *Ne pleure pas, maman,* lui disait-il, *quand je serai au ciel vous serez tous heureux*; et à son petit frère Louis : *Viens près de moi, mon petit Louis, et promets moi d'être bien pieux, bien sage;... tu sais, les promesses qu'on fait à un mourant sont sacrées.* J'assistais à ces adieux et ne pus retenir mes larmes. — A madame P. qui vint le voir : *Bonjour, madame P., je m'en vais, madame, promettez-moi de prendre soin de maman.*

Une chose l'étonnait : c'était la tranquillité de son âme. Il savait qu'avant la mort Satan cherche souvent à troubler les amis de Dieu : *Faut-il qu'il soit lâche, le diable il ne vient pas me trouver;... au surplus, il fait bien, ça ne l'avancerait à rien, je ne le crains pas.* Je lui rappelai à cette occasion une lutte qu'il avait eue avec lui dans un de ses rêves, lutte où il était resté vainqueur, et je lui disais : il a été trop humilié de sa défaite, il ne veut pas y revenir. Ce souvenir le fit sourire, et il continua sa préparation à la mort.

Cependant, dans un autre quartier de la ville, se mourait un de mes amis, homme honorable et fortuné, modèle des époux et des pères, aimant la religion mais ne la pratiquant pas. Je recommandai son âme à mon petit apôtre souffrant. Dans une première visite à M. G***, il ne fut question de rien; dans une seconde, M. G*** me déclara que ce serait à moi qu'il se confesserait quand il en serait temps; dans une troisième il se confessa avec d'excellentes dispositions : c'était le 31 mai ; ce jour-là le cher enfant avait souffert plus encore que d'habitude; à sa demande nous lui avons récité les prières des agonisants; à mesure qu'il souffrait davantage, il suivait les progrès de la grâce sur l'âme que nous lui avions recommandée et disait : « *Je souffre beaucoup pour obtenir des conversions ; si le bon Dieu voulait je resterais encore de longues années sur la terre avec ces souffrances.* »

Depuis que le cher malade demeurait en face de l'œuvre, je lui portais la communion chaque lundi. Le même jour, 31 mai, j'en fus empêché et ne lui portai le saint viatique que le lendemain : il fit sa communion pour M. G*** qui, une demi-heure après, recevait lui-même, avec grand esprit de foi, les derniers sacrements, tout ému des prières que cet enfant qu'il ne connaisssait pas, avait faites pour lui.

Dans la nuit du 2 au 3 juin, fête de l'Ascension, à minuit et demie, M. G*** appelle son épouse : « *Quelle belle rose blanche je vois monter de mon lit!... Quelle est belle !...* » C'était l'heure précise où j'ensevelissais notre Émile dans une soutane d'enfant de chœur, comme il l'avait désiré. Il était mort sans agonie, à onze heures et demie du soir en disant : *Maman !.., M. le Directeur !...* Pendant la journée il avait répété plusieurs fois : *C'est demain la grande fête au ciel! j'y serai!... et je précèderai M. G***.* Celui pour lequel il avait tant prié et souffert mourait, en effet, le jour même de l'Ascension, à 4 heures du soir.

Nous exposâmes donc Émile sur un lit blanc entouré de fleurs et de flambeaux : il avait un surplis par dessus sa soutane, le chapelet au bras, les mains jointes tenant un Christ qui retombait sur sa poitrine et, entre les doigts, sa fameuse lettre, cette lettre que lui avait écrite le bon abbé Chapier, malade lui-même au 19 mars, lettre qu'il n'avait pas quittée depuis le 24 mai, et qu'il avait déclaré vouloir emporter au ciel avec lui *pour lire à Clément.*

Monsieur le Curé, Messieurs les Vicaires, plusieurs religieuses, un grand nombre de pieux fidèles vinrent le visiter et déposer des fleurs sur son lit ; une personne de notre maison le couronna de roses blanches. La solennité de l'Ascension permit à ses camarades d'aller prier près de lui ; la nuit, les grands le veillèrent à tour de rôle. Les obsèques eurent lieu le lendemain à quatre heures. Une heure auparavant M. l'abbé Chapier et moi ne voulûmes pas laisser à des mains profanes le soin de le déposer dans le cercueil. Nous le fîmes après l'avoir embrassé et béni une dernière fois en récitant le *De Profundis* et l'*Oraison des Saints-Anges.*

Monsieur le curé présida la cérémonie. Messieurs Macé, président, Zinch, guide des aspirants, Dufac, sociétaire, Auguste Suire, séminariste, aux quatre coins ; et, au milieu d'eux, Henri Mondeux et Georges Doré, élèves de la maîtrise, en costume d'enfant de chœur, le crêpe au bras ; tous les six désignés par le cher malade, tenaient les cordons du corbillard ; sur le cercueil était une soutane rouge, un surplis et la médaille de l'association des Saints-Anges ; les deux vice-présidents du Patronage portaient une couronne, ainsi que deux anciens élèves de la maitrise, ses camarades.

Je conduisis le deuil jusqu'à l'église, puis je fis la conduite au cimetière, tenant à confier moi-même à la terre, jusqu'à la résurrection générale, la dépouille mortelle de celui que nous pouvons regarder comme un de nos protecteurs dans le ciel.

Sur le bord de la tombe, au milieu d'une foule d'enfants, de jeunes gens et de parents, M. Henri Macé, président du Patronage, d'une voix forte, solennelle et émue, prononça le discours suivant :

Mes chers amis,

« Au nom du Patronage, j'apporte sur le bord de cette
» tombe un dernier adieu au corps de celui qui fut notre
» ami, notre frère ; à la dépouille mortelle d'un enfant

» dont la vertu et la piété, je dirai plus, dont la sainteté
» a fait l'admiration et l'édification de tous ceux qui l'ont
» approché et aimé.

« Vous l'avez vu, mes chers amis, tous vous l'avez
» admiré dans ce lit de souffrances qu'il n'avait pas
» quitté depuis si longtemps ; vous avez vu ses bras, son
» visage décharnés, ses deux grands yeux où se lisaient
» la foi, l'espérance et l'amour dont son âme était pleine ;
» vous avez contemplé ce corps brisé par la douleur, ces
» lèvres sans couleur qui gardèrent toujours des paroles
» de paix et des accents de résignation, malgré la lon-
» gueur de la maladie.

« Avant de mourir, à plusieurs il a donné des conseils,
» à d'autres il a laissé des souvenirs, en disant à tous
» que son heure était proche, qu'il entrerait bientôt au
» royaume de Dieu et qu'il prierait pour nous.

« Ses souffrances, et vous savez qu'elles furent vives, il
» les offrit pendant une semaine pour le zèle de nos
» conseillers ; et puis, il y a quelques jours à peine, il
» demandait le retour à la grâce de Dieu, d'un homme
» honorable qui se mourait lui aussi. Ses prières ont été
» exaucées, et hier, ce chrétien sanctifié, une demi-heure
» après le décès d'Émile Servier, sans le connaître encore,
» disait avant d'entrer en agonie : *Je vois une rose*
» *d'une blancheur éclatante ; elle quitte la terre..., elle*
» *s'envole au Ciel..., elle semble m'attirer et me dire de*

» *la suivre*... Cette rose, mes amis, n'était-ce pas le sym-
» bole de la pureté d'Émile, et ce fait ne nous dit-il pas
» que le sociétaire que nous pleurons, au Ciel désormais,
» sera pour nous un puissant protecteur ?

» Ah ! cher Émile, du haut du Ciel où ton âme est
» entrée, console ta mère et ton père chéris ; comble-nous
» des bienfaits que Dieu ne refuse pas à l'innocence, et
» puis, cher petit frère, obtiens-nous le bonheur de mou-
» rir comme toi, afin qu'un jour, au Ciel, dans les
» embrassements de l'éternel amour, nous retrouvant
» enfin, nous disions au Seigneur un chant de triomphe,
» une hymne d'allégresse ! »

Depuis la fondation du Patronage (11 novembre 1863), Émile est le premier sociétaire actif que la mort ait frappé. Puissent toutes les âmes que nous élevons dans le jardin de l'Œuvre, se présenter un jour à Dieu comme cette première fleur qu'il vient de se cueillir !

L'ABBÉ G. MOREAU,
DIRECTEUR DES ŒUVRES DE SAINT-JOSEPH
A N.-D.-LA-RICHE, TOURS.

www.ingramcontent.com/pod-product-compliance
Ingram Content Group UK Ltd.
Pitfield, Milton Keynes, MK11 3LW, UK
UKHW020235180726
13838UKWH00005B/2392